Je me débrouille TOUT SEUL !

Textes : **Gwénaëlle Boulet**
Paul Martin • **Rémi Chaurand** • **Christophe Nicolas** • **Claire Clément**

Illustrations : **Marcel Gnoux**
Aurélie Grand • **Jean-Emmanuel Vermot-Desroches**
Estelle Billon-Spagnol • **Bastien Quignon** • **Louis Thomas**
Karine Bernadou • **Anne Rouquette** • **Robin Raffalli**

Les pages à dessiner ont été imaginées et écrites par **Gwénaëlle Boulet**
et illustrées par **Marcel Gnoux**.

Merci à **Nadège Larcher**, psychologue,
et formatrice en communication bienveillante
pour sa relecture attentive de l'ensemble de l'ouvrage.

Les textes et les illustrations des tests sont issus de la rubrique
« Débrouille-test » du magazine
astrapi

Bayard Éditions, 2018
ISBN : 978-2-7470-8865-7
Dépôt légal : mars 2018

Loi 49-956 du 16 juillet 1949 sur les publications destinées à la jeunesse
Imprimé en Italie par G.CANALE&C

Je me débrouille TOUT SEUL !

bayard jeunesse

Sommaire

INTERDIT AUX ENFANTS !

Sais-tu… t'habiller tout(e) seul(e) ?

Le matin, es-tu super organisé(e), très très lent(e) à t'habiller ou capable de partir avec une chemise mal boutonnée ? Ce test va te permettre de le savoir !

1. Le soir, avant de te coucher :

- ▲ Tu jettes tes habits en boule aux quatre coins de la chambre.
- ■ Tu hésites entre ton pyjama à pois et celui à carreaux.
- ● Tu es comme les tortues : il ne faut pas te bousculer.

2. Quand tu te réveilles :

- ▲ Tu lis un magazine tout en mangeant une tartine et en parlant à ton chat.
- ● Il te faut un bon moment pour sortir de ton rêve.
- ■ Tu veux un petit déjeuner parfait, une douche parfaite, tout parfait !

3. Tu as horreur qu'on te dise :

- ■ « Allez, décide-toi ! »
- ● « Presse-toi ! Vite, vite, vite ! »
- ▲ « C'est vraiment le bazar dans ta chambre, range donc ! »

4. Le plus important pour ton pantalon, c'est :

● Qu'il soit confortable.

■ Qu'il aille parfaitement bien avec ton pull.

▲ Qu'il soit sur tes fesses !

5. Tu rêverais d'avoir un T-shirt magique :

● Qui s'enfilerait tout seul !

▲ Qui serait tout le temps propre.

■ Qui serait toujours au top de la mode.

6. Ton papa est dans ta chambre. Tu en profites pour :

▲ Lui faire un gros câlin du matin.

■ Lui demander son avis sur ta tenue.

● Lui demander de te choisir tes affaires.

7. Un slip (ou une culotte), c'est...

■ L'occasion de porter sur toi ton personnage préféré.

● Trop dur à enfiler dans le bon sens.

▲ Vraiment obligé(e) d'en changer tous les jours ?

8. Au final, tu pars de chez toi :

▲ Avec deux chaussettes différentes.

● Légèrement en retard (mais vraiment si peu !).

■ Avec ton blouson préféré, signe d'une bonne journée !

Ça y est ! Tu as fini ce test ? C'est le moment de compter tes points !

Reporte tes résultats dans ce tableau et compte le nombre total de chaque signe.

	1	2	3	4	5	6	7	8	Total
●									
▲									
■									

Prêt(e) pour les résultats ? Tourne vite la page !

Les résultats de ton test…
et les conseils pour être super débrouillard(e) !

Tu as plus de ●

Le matin, tu as besoin de temps pour te réveiller et te mettre en route. Ça tombe bien, ces astuces sont pour toi !

TOUT EN DOUCEUR

- Tu as besoin de tranquillité pour t'habiller ? Lève-toi dix minutes plus tôt pour être plus cool.
- Choisis des vêtements faciles à enfiler. Garde les chemises à boutons pour le week-end !
- Tu apprécies encore que ton papa ou ta maman t'aide à t'habiller ? Montre-leur que tu sais t'habiller tout(e) seul(e) (ça les rassurera !). Puis explique-leur que c'est juste un moment que tu aimes partager avec eux !

Tu as plus de ▲

Pour toi, le principal, c'est d'être à l'aise… Ton look, tu t'en fiches complètement ! Voici quelques astuces pour rester cool… Sans oublier d'être propre !

FACILITE-TOI LA VIE

- Un placard à vêtements bien rangé te permettra de trouver facilement de quoi t'habiller, sans t'embêter.
- Chaque soir, mets au sale tes sous-vêtements. Pour le reste, vois si c'est propre (à remettre) ou sale (à ne pas remettre).
- Quand tu constates qu'un vêtement est trop petit ou que ton pied ne rentre plus dans une chaussette, il est temps d'en changer ! Signale-le à tes parents.

Tu as plus de ■

Partir habillé(e) n'importe comment ? Pas question ! Voici quelques conseils pour t'aider à choisir tes vêtements… Sans te mettre en retard pour l'école !

ORGANISE-TOI !

- Pour te décider rapidement le matin, prépare tes habits la veille au soir.
- Regarde la météo pour savoir le temps qu'il va faire dans la journée. Ça t'évitera de partir en débardeur sous la neige ou en sandales par temps d'orage !
- Ne sois pas non plus trop obsédé(e) par ton look ! C'est une bonne chose de prendre soin de soi mais n'oublie pas que l'important n'est pas l'apparence mais ce que tu es à l'intérieur de toi !

ET TOI, QUE SAIS-TU DÉJÀ FAIRE TOUT(E) SEUL(E) ?

Entoure en vert ce que tu sais faire et en bleu, ce que tu ne sais pas encore faire.

- Enfiler tes vêtements.
- Les enfiler dans le bon sens.
- Les enfiler rapidement.
- Prévoir des vêtements pour le lendemain.
- Faire attention à la météo.
- Trier le linge sale du linge propre.
- Ranger ton linge propre.
- Trier tes chaussettes par paires.
- Faire tes lacets.
- Faire une lessive.
- Recoudre un bouton.
- Nettoyer une petite tache.
- Repasser un vêtement.

Les prochaines choses que tu aimerais apprendre à faire tout(e) seul(e) pour t'habiller sont…

✓ ……………………………

✓ ……………………………

✓ ……………………………

JUSTE À TEMPS !

Compose tes tenues en fonction de la météo.
Colorie en jaune les vêtements que tu mets quand il fait beau,
en bleu ceux que tu mets les jours de pluie
et en gris ceux que tu mets quand il neige.

ÇA, C'EST VRAIMENT TOI !

Et maintenant, dessine ici la tenue de tes rêves !

Sais-tu… préparer ton petit-déjeuner ?

Es-tu du genre à glisser des biscuits dans ton cartable ou à te préparer un festin tous les matins ? Fais ce test pour bien commencer la journée !

1. Ton petit déjeuner, tu le prends :

■ Seulement s'il est préparé exactement comme tu l'aimes.

▲ Dès ton réveil : le matin, tu es affamé(e) !

● Juste avant de partir à l'école, en t'habillant, si tu as le temps.

2. En général, tu manges au petit-déjeuner :

● Ce que tu trouves. L'important, c'est de faire vite.

▲ Plein de bonnes choses. Quel bonheur !

■ Toujours le même menu. Tu as tes petites habitudes !

3. Combien de temps prends-tu pour manger le matin ?

▲ Le temps qu'il faut ! Tu aimes savourer ton petit-déjeuner.

● Environ 1 minute 47 secondes !

■ Toujours exactement le même temps.

4. Quel ingrédient ne mangerais-tu jamais le matin ?

- ● Un chocolat chaud : trop long à préparer !
- ■ De nouvelles céréales : trop bizarre !
- ▲ Une biscotte sans rien dessus : trop sec !

5. Ce matin, tu n'as pas ton petit-déjeuner habituel.

- ■ Tant pis ! Tu préfères ne rien manger.
- ▲ Tu cherches dans le réfrigérateur de quoi préparer un bon repas.
- ● Tu prends un paquet de biscuits : tu mangeras vite fait sur le chemin de l'école.

6. Ton petit frère a envie de parler avec toi.

- ● Pas le temps. À ce soir !
- ■ Ok, s'il te laisse la dernière tartine !
- ▲ Ça tombe bien, tu es de bonne humeur ce matin.

7. Au final, tu pars à l'école :

- ▲ Paré(e) pour la matinée !
- ■ Énervé(e) car il n'y avait plus tes céréales préférées !
- ● Le ventre vide, ton petit-déjeuner dans le cartable.

8. Chouette, c'est le week-end !

- ● Tu as enfin le temps de petit-déjeuner sans te stresser.
- ▲ Tu peux te faire des œufs à la coque et du jus de fruits pressés.
- ■ Et alors ? Tu prends la même chose que d'habitude !

Ça y est !
Tu as fini ce test ?
C'est le moment
de compter
tes points !

Reporte tes résultats dans ce tableau
et compte le nombre total de chaque signe.

	1	2	3	4	5	6	7	8	Total
●									
▲									
■									

Prêt(e) pour les résultats ?
Tourne vite la page !

Les résultats de ton test…
et les conseils pour être super débrouillard(e) !

Tu as plus de ●

**Le matin, tu es trop pressé(e) pour bien manger.
Or le petit-déjeuner est super important pour être en forme toute la journée ! Essaie donc ces quelques trucs…**

SACRÉ PETIT-DÉJEUNER !

- Le petit-déjeuner est vraiment important pour ton corps et ton cerveau. Après une nuit de sommeil, ils doivent reprendre des forces ! Dîne peut-être plus léger le soir pour avoir meilleur appétit le matin…
- Pour avoir un meilleur appétit le matin, lève-toi un peu plus tôt et bois un verre d'eau au réveil.
- Vraiment impossible pour toi d'avaler quoi que ce soit ? Emporte alors de quoi manger à la récréation. Des fruits secs, un fruit frais, un petit pain aux céréales…

Tu as plus de ▲

**Tu aimes les petits-déjeuners gourmands ? Super !
Suis ces conseils pour être sûr(e) que ton menu est aussi bon pour ta santé !**

ÉQUILIBRÉ !

- Limite les aliments trop sucrés : pâtes à tartiner, confiture, céréales, biscuits… Beaucoup de céréales contiennent trop de sucre : évite-les. Pour les jus de fruits, c'est pareil ! Demande à tes parents de choisir des jus « sans sucres ajoutés ». Mieux : mange des fruits nature !
- Après le petit-déjeuner, n'oublie pas de te brosser les dents avec soin. Trois minutes, c'est bien !

Tu as plus de ■

**Quand il s'agit de nourriture,
tu as des goûts précis
et tu n'aimes pas en changer.
C'est ton droit,
mais n'oublie pas...**

BONNE JOURNÉE !

- Un petit-déjeuner équilibré, c'est un fruit, une boisson, un laitage, du pain ou des céréales peu sucrées.

- Tu aimes qu'on te laisse tranquille le matin ? Dis-le gentiment à ta famille : ils comprendront sûrement. Mais n'oublie pas de rester poli(e) en disant quand même bonjour !
- Après ton petit-déjeuner, n'oublie pas de débarrasser la table et de mettre ta vaisselle au sale. Merci !

LA CHANSON DU P'TIT-DÉJ' HEUREUX

Pour être de bonne humeur
tous les matins... et t'ouvrir l'appétit
(à chanter sur l'air de pirouette-cacahuète) !

Il est un bon p'tit-déjeuner
Slurp slurp, miam miam, youpi
Il est un bon p'tit-déjeuner
Qui va m'aider toute la journée (2 fois)

À apprendre et à m'concentrer
Slurp slurp, miam miam, youpi
À apprendre et à m'concentrer
Et puis bien sûr, à m'amuser (2 fois)

Si jamais je n'le prends pas
Slurp slurp, miam miam, youpi
Si jamais je n'le prends pas
C'est sûr je s'rai tout flagada (2 fois)

Maintenant que je sais tout ça
Slurp slurp, miam miam, youpi
Maintenant que je sais tout ça
Pour le p'tit-déj, je dis Hourra ! (2 fois)

LE PLATEAU-CHAMPION

Voici plein d'aliments drôlement appétissants !
Mais attention, tous ne sont pas bons pour la santé !
Remplis ton plateau pour composer un petit-déjeuner super équilibré.

des céréales au chocolat
1 portion – 280 calories

50 g de fruits secs
150 calories

de la baguette
1 tranche – 164 calories

1 banane
111 calories

1 verre de jus d'orange
46 calories

1 canette de soda
200 calories

de l'eau
0 calorie

de la confiture
1 cuillère – 48 calories

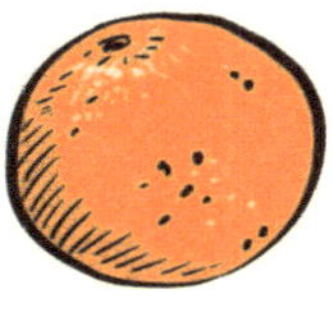

1 orange
62 calories

1 barbe à papa
482 calories

1 compote de pomme
68 calories

1 barre chocolatée type kinder®
575 calories

du gruyère
1 tranche – 103 calories

1 yaourt entier nature
80 calories

1 portion de fromage blanc
100 calories

des cornflakes
1 portion – 132 calories

du beurre
1 cuillerée – 108 calories

1 hamburger
561 calories

1 pomme
95 calories

du lait
150 calories

À toi de JOUER !

Calcule le nombre de calories de ton petit-déjeuner

....
+
....
+
....
+
....
+
....
+
....
=
....
CALORIES

ATTENTION !

Un petit-déjeuner équilibré doit t'apporter entre 350 et 400 calories (les calories, c'est une façon de calculer l'énergie dont tu as besoin).
Il doit comporter une boisson, des fruits, un laitage (ou des fruits secs riches en calcium) et du pain ou des céréales.

Sais-tu... prendre ta douche tout(e) seul(e) ?

Tu as du mal à aller sous la douche ? Ou au contraire, tu ne réussis pas à en sortir ? Ce test te donnera des idées pour être propre sans soucis !

1. C'est le moment de prendre ta douche quand...

- ● C'est l'heure, comme tous les jours.
- ▲ Les gens commencent à se pincer le nez autour de toi !
- ■ Tu te dis : tiens, et si je prenais une douche aujourd'hui ?

2. Alerte ! La douche est en panne.

- ▲ Tu te laveras à la piscine... dans trois jours.
- ■ Tu te nettoieras avec un gant, si tu en trouves un !
- ● Berk ! Tu as l'impression d'être dégoûtant(e).

3. Dans ta famille, on te reproche parfois...

- ● De rester trop longtemps dans la salle de bains.
- ■ De laisser ta serviette mouillée par terre.
- ▲ De ne pas sentir la rose !

4. Tu es sous la douche, tu te laves...

■ Plus ou moins, selon ton humeur.

● De la tête aux pieds, et plutôt deux fois qu'une.

▲ Vite fait, mal fait !

5. C'est l'heure du shampoing !

▲ Tu les laveras demain... ou après demain.

● Tu mets ta tête en arrière pour éviter la mousse dans les yeux.

■ Au secours ! Ça pique les yeux !

6. C'est le moment de quitter la douche...

■ Tu retournes jouer le plus vite possible.

● Tu as le bout des doigts tout fripé.

▲ Tu as changé de couleur sous l'effet du savon !

7. Pour toi, se laver, c'est plutôt :

▲ La pire invention de tous les temps !

● Ton petit plaisir de la journée.

■ Trop compliqué.

8. Après toi, la salle de bain ressemble à...

● Un palais tout brillant.

■ À une grosse inondation !

▲ La même chose qu'avant car tu n'y es pas passé(e) !

Ça y est ! Tu as fini ce test ? C'est le moment de compter tes points !

Reporte tes résultats dans ce tableau et compte le nombre total de chaque signe.

	1	2	3	4	5	6	7	8	Total
●									
▲									
■									

Prêt(e) pour les résultats ? Tourne vite la page !

Les résultats de ton test...
et les conseils pour être super débrouillard(e) !

Tu as plus de ●

**Tu adores la douche.
Et tu as du mal à en sortir !
Voici quelques infos pour rendre ce moment vraiment utile.**

STOP !

- La douche gaspille moins d'eau que le bain, à condition qu'elle ne dure pas trop. Cinq minutes, c'est suffisant !
- Si on se lave trop, on use la protection de la peau. Alors, une douche tous les deux jours peut être suffisante sauf si tu te salis beaucoup ! Dans ce cas, prends une douche par jour.
- Un produit peut sentir très bon... mais être mauvais pour le corps ou pour la planète. Demande à tes parents de se renseigner sur les produits qui respectent la santé et l'environnement.

Tu as plus de ▲

**L'eau, ce n'est pas ton truc.
Pourtant, il faut bien te laver !
Voici de quoi te motiver...**

VITE FAIT... BIEN FAIT !

- Pour rendre ce moment agréable, mets de la musique dans la salle de bain ! Fais chauffer aussi ta serviette sur le radiateur pour une sortie en douceur !
- Même si tu n'aimes pas la douche, un minimum d'hygiène s'impose : lave-toi tous les jours les mains, la figure, les dessous de bras, le sexe, les fesses et les pieds au savon !

- Et bien sûr, n'oublie pas de te laver les mains avant de manger et après être allé(e) aux toilettes. Et de te brosser les dents après chaque repas !

Tu as plus de ■

Te laver n'est pas le problème. Ton souci, c'est plutôt de t'organiser. Suis ces conseils pour y arriver.

PENSE AUX AUTRES !

- Après la douche, évite de mettre de l'eau partout. Essuie-toi directement dans la cabine de douche ou dans la baignoire. Puis, mets ta serviette à sécher. Trouver une serviette sèche le lendemain est toujours plus agréable !
- Évite de faire traîner ton linge sale par terre... Mets-le directement dans la corbeille à linge sale. Et hop ! Tout le monde est content !

- Passe un petit coup d'eau dans la douche une fois que tu en es sorti(e). Si tu as des cheveux longs, pense à les ramasser et à les mettre à la poubelle.

PSCHIIIIIT !

Et toi, sais-tu déjà prendre ta douche tout(e) seul(e) ?
Si oui, depuis quel âge ?
Entoure la réponse qui te correspond.

- Dans le ventre de ma maman, je la prenais très bien !
- 5 ans (mais mes parents exagèrent toujours !)
- L'été de mes 6 ans
- 7 ans et quart
- 8 ans et demi
- Quand mon petit frère (ou ma petite sœur) est né(e), il a bien fallu que je me débrouille !
- 9 ans, quand mes parents ont craqué !!!
- Pas encore, mais ça ne va pas tarder !
- 10 ans tout ronds
- Je ne me souviens plus
- Moi je trouve que je me débrouille bien... mais mes parents trouvent qu'après moi, c'est la catastrophe !

AU SECOURS, LA DOUCHE !

Tu as horreur de te laver ? Réfléchis à ce qui te pose problème en entourant la ou les phrases qui te correspondent. Problème identifié, solution à moitié trouvée !

Autre(s) raison(s) :

....

....

À toi de JOUER !

S'IL VOUS PLAÎT !

Voici un petit message à adresser à tes parents pour devenir plus autonome dans ta salle de bain.

Cher papa, chère maman,

Pour prendre ma douche tout(e) seul(e), j'ai encore besoin d'un petit coup de main. Pourriez-vous, s'il vous plaît,

....

....

Écris ici ce que tes parents peuvent faire pour t'aider !

Ça m'aiderait vraiment !

Même si ce n'est pas parfait du premier coup, vous verrez, vous ne le regretterez pas !

Très proprement vôtre,

....

Signature

Es-tu prêt(e) pour... aller seul(e) à l'école ?

Aller tout(e) seul(e) à l'école, c'est une sacrée mission ! Ce qui est sûr, c'est qu'il y a des choses à savoir avant de te lancer.

1. Le chemin pour aller à l'école...

- ● Tu le connais par cœur. Tu pourrais presque y aller les yeux fermés.
- ■ Facile, c'est à gauche... et à droite, heu... non, tout droit et à gauche... Heu... non, j'ai oublié !
- ▲ Tu n'as pas très envie de le faire seul(e), c'est quand même mieux avec papa ou maman.

2. Le trajet pour l'école prend normalement 5 minutes.

- ▲ Tu prévois 5 minutes pile, ça suffira.
- ■ Tu prévois 3 minutes. En courant, tu y arriveras !
- ● Tu prévois 10 minutes. Pour être bien à l'aise.

3. Aïe, aïe, aïe ! Tu as 5 minutes de retard :

- ■ Tu te mets à courir comme un(e) dingue, sans rien regarder autour de toi.
- ▲ Tu marches vite. Pas évident pour repérer les dangers !
- ● Tu ne cours pas. Il vaut mieux arriver un peu en retard mais entier(ière) !

4. Mince, tu t'es trompé(e) de chemin.

▲ Tu suis un parent qui accompagne un enfant de ton école.

● Impossible ! Tu le connais trop bien ce chemin.

■ Tu va voir le premier inconnu qui passe et tu lui demandes de t'aider.

5. Tu as une rue à traverser...

● Tu regardes à droite, à gauche, puis encore à droite et tu y vas prudemment.

▲ Tu fais attention à droite et à gauche mais tu n'arrives pas à te décider pour traverser.

■ Tu traverses en courant sans regarder, car tu es pressé(e).

6. Aller tout(e) seul(e) à l'école, pour toi, c'est...

■ Trop de choses à penser en même temps !

▲ Quelque chose que l'on fait quand on est prêt(e).

● Un rêve. Ça veut dire que tu es grand(e) !

7. Tu fais le chemin avec des copains...

■ Trop bien pour rigoler et chahuter !

▲ C'est quand même plus rassurant à plusieurs.

● Vous restez bien concentrés, surtout pour traverser.

8. Un inconnu te parle dans la rue.

● Tu réponds poliment mais tu continues ton chemin.

■ Tu te mets à discuter avec lui.

▲ Tu paniques, tu ne sais pas quoi faire.

Ça y est ! Tu as fini ce test ? C'est le moment de compter tes points !

Reporte tes résultats dans ce tableau et compte le nombre total de chaque signe.

	1	2	3	4	5	6	7	8	Total
●									
▲									
■									

Prêt(e) pour les résultats ? Tourne vite la page !

Les résultats de ton test...
et les conseils pour être super débrouillard(e) !

Tu as plus de ●

Si tes parents sont d'accord, tu es prêt(e) à aller à l'école sans eux. N'oublie pas que dans la rue, il y a certains dangers auxquels tu dois toujours faire attention.

PRÊT(E) !

- Certains adultes conduisent trop vite ou ne respectent pas les feux. Regarde toujours à droite et à gauche avant de traverser... même si le petit bonhomme du feu est vert !
- Prévois 5 bonnes minutes de plus que le temps normal. Comme ça, pas besoin de courir !
- La plupart des adultes sont gentils et bienveillants mais par précaution, ne parle pas à un inconnu. Si tu ne te sens pas en sécurité, rapproche-toi d'un groupe, d'un adulte que tu connais ou d'une personne en uniforme (policier, agent de circulation...).

Tu as plus de ▲

Pour l'instant, il y a encore trop de choses à penser pour te lancer tout(e) seul(e) sur la route de l'école. Entraîne-toi avec tes parents !

BIENTÔT PRÊT(E) !

- Si tes parents tiennent encore à t'accompagner à l'école, ce n'est pas par manque de confiance, mais juste qu'ils considèrent que c'est un peu tôt et que le chemin est encore un peu trop dangereux. Tu sais c'est peut-être eux qui ont encore besoin de temps pour se préparer à cette nouvelle liberté. Patience !
- Prépare bien ton parcours avec tes parents avant de te lancer. Montre-leur, en marchant devant, que tu sais traverser la rue, par exemple.

- Une bonne idée serait de faire le trajet avec des copains. Mais sans chahuter ! Pour traverser la rue, tout le monde se concentre : on arrête de parler !

Tu as plus de ■

Pas question pour l'instant d'aller tout(e) seul(e) à l'école mais ne t'inquiète pas, ça viendra ! En attendant, lis ces conseils et observe bien autour de toi.

TU AS LE TEMPS !

- Quand tu vas à l'école avec un adulte, essaie de repérer le trajet et demande-lui de t'expliquer les règles de base.
- En chemin, commence à faire attention à ce qui se passe autour de toi : les croisements, les sorties de garage, les véhicules, les vélos, les panneaux et même les piétons !
- Repère des petits trajets très simples et sans dangers que tu pourrais faire tout(e) seul(e) en attendant d'aller à l'école : aller chez un voisin, un copain, à la boulangerie de la rue d'à côté… Parles-en avec tes parents.

ET TOI, AIMERAIS-TU ALLER À L'ÉCOLE TOUT(E) SEUL(E) ?

Pour quelles raisons ?
Entoure les réponses qui te plaisent.

- Tu es grand(e) maintenant.
- C'est l'aventure !
- Tu aurais le temps de réfléchir à plein de choses.
- Tu pourrais retrouver tes copains.
- Tu voudrais bien commencer à te déplacer seul(e).
- Ça veut dire que tes parents te font confiance…

EN ROUTE POUR L'ÉCOLE !

Va de la maison à l'école en faisant attention à tout ce qui t'entoure !
Pour cela, décris à voix haute où tu dois t'arrêter, ce que tu dois regarder...
C'est parti !

TON CHEMIN À TOI

Pense dans ta tête au chemin qui relie TA maison à TON école et dessine-le ici !

Es-tu prêt(e) pour dormir chez un copain ?

Tu vas aller dormir chez un copain, une amie ou tes cousins. Es-tu super excité(e), ou maxi stressé(e) ? Fais ce test pour le savoir !

1. Ton ami(e) te téléphone pour t'inviter.

- ▲ Tu acceptes mais tu as oublié que tu n'étais pas libre ce soir-là.
- ■ Tellement génial que tu oublies de le (la) remercier !
- ● Tu aimerais bien mais ça te fait un peu peur.

2. Ton ami(e) et ses parents t'ouvrent la porte. Tu dis :

- ● Rien, tu es trop timide.
- ▲ Bonjour ! Merci de m'inviter chez vous !
- ■ Salut la compagnie ! Ça boume ?!

3. Ton plus gros souci chez les amis, c'est :

- ▲ D'oublier tes affaires.
- ● D'être loin de chez toi.
- ■ D'avoir à suivre des règles bizarres.

4. Dès ton arrivée, tu veux :

- ■ Visiter toute la maison.
- ▲ Retourner chercher ton pyjama oublié chez toi !
- ● Téléphoner à tes parents.

5. On te sert un plat que tu détestes. Tu dis :

- ■ Beurk, j'ai horreur de ça !
- ● Désolé(e), j'ai un peu mal au ventre.
- ▲ Juste un petit peu. Je garde de la place pour le dessert.

6. Au moment de te coucher :

- ● Tu n'oses pas sortir ton doudou.
- ■ Tu prends le meilleur lit.
  Ben quoi, tu es l'invité(e) !
- ▲ Tu oublies d'aller faire pipi.

7. C'est le moment de repartir :

- ● Dommage, tu commençais tout juste à te détendre.
- ▲ Mince, tu viens de démarrer une partie de monopoly !
- ■ Tu expliques à ton copain ce qui ne t'a pas plus chez lui.

8. Sans faire exprès, tu as cassé un objet dans le salon...

- ▲ Tu vas le dire et t'excuser auprès des parents de ton ami(e).
- ● Tu cours t'enfermer et pleurer dans les toilettes.
- ■ Pas grave. Ça arrive à tout le monde !

Ça y est !
Tu as fini ce test ?
C'est le moment de compter tes points !

Reporte tes résultats dans ce tableau et compte le nombre total de chaque signe.

	1	2	3	4	5	6	7	8	Total
●									
▲									
■									

Prêt(e) pour les résultats ?
Tourne vite la page !

Les résultats de ton test…
et les conseils pour être super débrouillard(e) !

Tu as plus de ●

Pas facile pour toi de changer tes habitudes. Rassure-toi, tu t'en sortiras très bien avec ces quelques astuces…

COURAGE !

- Tu dors toujours avec un doudou ou une veilleuse ? Tu as peur loin de tes parents ? Parles-en avant avec ton ami(e) pour qu'il (elle) prévienne ses parents. Et tout se passera bien !
- Sur place, n'hésite pas à poser des questions et à dire ce qui ne va pas. Personne ne te grondera parce que tu ne sais pas utiliser la douche ou que tu n'aimes pas les choux de Bruxelles !
- Tu as abîmé ou cassé quelque chose : ce n'est pas grave… Ne cherche pas à le cacher mais va voir les parents de ton ami(e) pour le leur dire et t'excuser.

Tu as plus de ▲

Dormir ailleurs ne te pose pas de problème mais un peu d'organisation ne te ferait pas de mal !

PRENDS LE TEMPS !

- Chez toi, prends le temps de préparer ton sac : une brosse à dents, un pyjama, des vêtements de rechange et tout ce dont tu as besoin (doudou, médicaments si tu as un traitement…). Fais une petite liste pour ne rien oublier !
- Sur place : range tes affaires au fur et à mesure dans ton sac. Avant de partir, vérifie que tu n'as rien oublié !

- Tu es un(e) lève-tôt ? Pour ne pas déranger la famille qui t'accueille et laisser dormir les autres, prévois un livre où un petit jeu pour t'occuper calmement en attendant que tout le monde se réveille !

Tu as plus de ■

Tu n'as peur de rien ! Mais si tu veux qu'on t'invite à nouveau, suis ces conseils pour être toujours le (la) bienvenu(e).

VIVE LA POLITESSE !

- Chaque famille a son mode de vie ! Certaines restent longtemps à table, d'autres pas. Certaines prennent leur douche le soir, d'autres le matin. Observe et essaye de t'adapter !
- Propose ton aide : pour mettre la table et débarrasser, pour ranger la chambre de ton ami(e) après avoir joué. Ne lui laisse pas un chantier à ranger après ton départ !
- Être poli(e), cela montre que l'on respecte les gens qui nous invitent. « Bonjour, merci, s'il vous plaît, au revoir... » Même si tu es timide, essaye d'utiliser ces petits mots qui font plaisir !

ET TOI, ES-TU DÉJÀ ALLÉ(E) DORMIR CHEZ UN COPAIN OU UNE COPINE ?

Te souviens-tu de ce qui était TRÈS DIFFÉRENT de chez toi ?

....

....

....

....

Qu'est-ce qui était MIEUX que chez toi ?

....

....

....

....

Qu'est-ce qui était MOINS BIEN ?

....

....

....

....

BEST FRIENDS

Fais ici la liste des amis chez qui tu adorerais aller dormir… ou inviter à dormir chez toi !

TA DRÔLE DE SOIRÉE PYJAMA

Imagine les thèmes des super soirées pyjama que tu pourrais organiser chez toi et écris-les ici !

"Soirée pizzas"

"Nuit de vampires"

"CHASSE AU TRÉSOR"

"Cookies et Compagnie"

À toi de JOUER !

PYJAMA PARTY

Voici un modèle d'invitation pour ta prochaine soirée pyjama !

Sais-tu… t'occuper de ton chat ?

Es-tu du genre à ignorer ton chat ou au contraire à le chouchouter du matin au soir ? Fais ce test pour le chavoir !

1. Tu rêves d'avoir un animal pour…

▲ T'en occuper et lui faire des bisous.

● Jouer avec lui.

■ Il doit y avoir erreur. C'est ta sœur qui en rêve !

2. Ton chat vient d'arriver chez toi…

▲ Tu cries de joie en le jetant en l'air.

■ Tu lui dis bonjour et tu retournes jouer dans ta chambre.

● Tu lui fais des gros câlins en le serrant très fort contre toi.

3. Ton chat fait caca à côté de sa caisse…

■ Pas grave ! Quelqu'un nettoiera…

● Tu ramasses la crotte avec un papier et la mets dans la litière pour bien montrer à ton chat où il doit faire ses besoins.

▲ Tu le grondes très fort : « ESPÈCE DE GROS DÉGOÛTANT ! »

4. Ton chat te réclame à manger alors que sa gamelle est pleine…

▲ Tu rajoutes des croquettes.

● Tu secoues sa boîte de croquettes, près de la gamelle pour l'attirer !

■ Tiens, toi aussi, tu as faim ! Tu prends un gâteau et tu l'ignores.

5. Ton chat fait ses griffes sur le canapé…

- ● Tu lui achètes une planche spéciale.
- ▲ Tu caches son jouet pour le punir.
- ■ Tu le laisses faire, après tout c'est aussi son canapé !

6. Ton chat miaule bizarrement :

- ■ Tu changes de pièce, car il te casse les oreilles !
- ▲ Tu le touches un peu partout, pour voir s'il a mal quelque part.
- ● Tu demandes à tes parents de l'emmener chez le vétérinaire.

7. Ton chat te fuit :

- ● Il doit avoir besoin de calme. Tu joueras avec lui plus tard.
- ▲ Tu lui cours après pour jouer.
- ■ Normal, tu lui fais peur !

8. Ton chat a envie de jouer…

- ● Tu lui fabriques un petit jouet avec du fil et un bouchon.
- ■ Désolé(e), tu joues avec ton jeu vidéo.
- ▲ Tu joues à chat avec lui en lui tirant la queue !

Ça y est ! Tu as fini ce test ? C'est le moment de compter tes points !

Reporte tes résultats dans ce tableau et compte le nombre total de chaque signe.

	1	2	3	4	5	6	7	8	Total
●									
▲									
■									

Prêt(e) pour les résultats ? Tourne vite la page !

Les résultats de ton test...
et les conseils pour être super débrouillard(e) !

Tu as plus de ●

Tu aimes ton animal et tu t'en occupes souvent... Preneur(euse) de quelques conseils pour t'en occuper encore mieux ?

CHAT, C'EST BIEN !

- Un chat aime jouer mais il a aussi besoin de calme et de liberté. C'est un animal qui dort au moins 16 heures par jour. Un rythme que tu dois apprendre à respecter !
- Puisque tu aimes caresser ton chat, profites-en pour le brosser avec une brosse adaptée, surtout aux changements de saison où il perd beaucoup de poils.
- Un animal, c'est une vraie responsabilité ! Accompagne-le chez le vétérinaire. Ce spécialiste des animaux te donnera de nombreux conseils pour prendre soin de ton chat.

Tu as plus de ▲

Tu veux bien faire, mais attention, un chat n'est pas un jouet ni un objet ! Voici des astuces pour bien l'éduquer.

CHAT, NON !

- Le chat aime le calme et la douceur. Si tu es trop brusque avec lui, il finira par te fuir. Pour l'apprivoiser et en faire ton ami, tu vas devoir apprendre à calmer tes gestes. Un défi qui en vaut la peine !
- Un chat s'éduque avec respect. Pour lui interdire de faire quelque chose, pas besoin de crier ni de taper : vaporise juste un peu d'eau sur son museau !
- Sur internet, tu trouveras plein d'idées de petits jouets à fabriquer et jeux pour ton chat : des cabanes en carton, une canne à plumes, une bassine avec des petits jouets à attraper... Et hop, c'est parti pour de l'exercice !

Tu as plus de ■

Ton chat ne t'intéresse pas beaucoup ! Et si tu suivais ces petits conseils pour faire connaissance et peut-être apprendre à l'apprécier ?

CHAT, ALORS !

- Un chat, tu peux lui confier tous tes secrets : il ne te jugera pas... et il ne les répètera pas ! C'est quand même bien d'avoir un ami à la maison à qui se confier ?
- Si tu n'aimes pas la compagnie de ton chat la nuit, ferme la porte de ta chambre. Mais câline-le un peu avant, il adorera !
- Assure-toi que ton chat est bien traité, nourri, câliné, soigné chez toi. Si ce n'est pas le cas, mieux vaut le confier à quelqu'un qui s'en occupera bien.

ANI-MOTS

Ces animaux, on les aime tellement qu'ils remplissent les expressions françaises. Souligne celles que tu connais !

- Chercher la petite bête
- Être copains comme cochons
- Quel chameau celui-là !
- Être rusé comme un renard
- Être une poule mouillée
- Mettre la charrue avant les bœufs
- Verser des larmes de crocodile
- Être le dindon de la farce
- Avoir une faim de loup !
- Être comme un coq en pâte
- Quel temps de chien !
- Courir plusieurs lièvres à la fois
- Être langue de vipère
- Pleuvoir comme vache qui pisse
- Avoir le cafard
- Devenir chèvre
- Compter les moutons
- Noyer le poisson...

Invente ton expression :

....

....

TON PETIT ZOO

Parmi tous ces animaux, lesquels aimerais-tu avoir chez toi ?
Entoure-les et donne à chacun un petit nom !

À toi de JOUER !

CHAT, C'EST SÛR !

Voici une petite lettre à compléter pour tenter de convaincre tes parents d'avoir un chat.
(Bon, ça ne marche pas à tous les coups, mais au moins, tu auras essayé !)

Chers parents,

Si j'ai un chat, je m'engage à :

- ☐ m'occuper de lui chaque jour
- ☐ changer sa litière
- ☐ lui donner à manger
- ☐ lui faire des petits câlins
- ☐ vous accompagner chez le vétérinaire
- ☐ le brosser

Vous me feriez tellement plaisir si vous acceptiez !
Ce serait le plus beau jour de ma vie.
Merci !

Signé :

MON JOURNAL DE GENTIL ANIMAL

Mets-toi à la place de ton animal (ou de celui que tu rêverais avoir).
Et remplis son journal intime...

Je m'appelle ....

Je suis un ....

Je suis un mâle / une femelle / aucun des deux.

Je ressemble à ça :

Dessine ici ton animal parce que lui n'est pas très bon en dessin !

J'habite à ....

Je dors dans ....

Dessine ici l'habitat de ton animal.

Ma nourriture préférée est ....

Mon maître (ou ma maîtresse) s'appelle

....

- ❑ Il est ultra gentil avec moi.
- ❑ Il me fait des câlins.
- ❑ Il est super embêtant.
- ❑ Il me confie tous ses secrets.
- ❑ Il adore jouer avec moi.
- ❑ Il me laisse tranquille.
- ❑ Il ne s'occupe pas de moi.
- ❑ Il me déteste.

Autre(s) : ....

....

Signé :

Dessine ici la patte de ton animal.

Sais-tu… ranger ta chambre ?

Es-tu du genre à trier tes affaires ou à laisser traîner tes T-shirts sous l'oreiller ? Ce test te dira qui tu es et comment faire pour mieux ranger ta chambre !

1. Quand tu regardes le sol de ta chambre, tu y vois plutôt…

- ● De la moquette.
- ▲ Des jouets et des magazines.
- ■ Des chaussettes sales, des jeux et le reste d'un vieux sandwich !

2. « Range ta chambre ! » Quand tu entends ça…

- ■ Tu cries « OK, mais demain ! » Là, tu as d'autres priorités.
- ● Ça n'est pas pour toi : la tienne est toujours rangée.
- ▲ Tu souffles un bon coup et tu t'y mets.

3. Les livres ? Tu en as trop…

- ■ Tu les planques au fond de ton armoire, ni vu ni connu.
- ▲ Tu les donnes à tes copains.
- ● Impossible de t'en séparer, tu les aimes tous !

4. Il reste quelques babioles par terre…

- ▲ Zou ! Tu passes l'aspirateur dessus !
- ■ Tu les laisses là, ça fait de la décoration.
- ● Tu les ranges dans ta boîte à babioles.

5. Tes vêtements sales...

▲ Tu les entasses dans un coin.

● Tu les mets dans le panier à linge sale, évidemment !

■ Tu les caches sous ton lit.

6 Pour cacher la poussière...

▲ Tu souffles dessus.

■ Tu craches et tu nettoies avec ton pull !

● Tu nettoies les meubles avec un chiffon spécial.

7 Pour faire ton lit...

● Tu t'appliques et tires bien tes draps.

■ À quoi ça sert puisque tu vas redormir dedans ce soir ?

▲ Tu jettes rapidement la couette.

8. Tu as fini de ranger ! Ta chambre est...

● Encore plus belle !

▲ Plus pratique.

■ Beaucoup moins sympa.

Ça y est !
Tu as fini ce test ?
C'est le moment
de compter
tes points !

Reporte tes résultats dans ce tableau et compte le nombre total de chaque signe.

	1	2	3	4	5	6	7	8	Total
●									
▲									
■									

Prêt(e) pour les résultats ?
Tourne vite la page !

Les résultats de ton test...

et les conseils pour être super débrouillard(e) !

Tu as plus de ●

Tu aimes que ta chambre soit rangée car c'est comme ça que tu en profites le mieux. Voici quelques idées pour te faire encore plus plaisir !

AU PLAISIR !

- Tu as du mal à jeter ? Organise un vide-grenier ! Ou bien donne tes livres et tes jouets à une association : elle les offrira à des enfants qui en ont besoin.
- Récupère des boîtes en carton, boîtes à chaussures, bocaux en verre ou en plastique et décore-les pour les transformer en jolies boîtes de rangement !
- Fabrique de jolies étiquettes à coller sur tes espaces de rangement (vêtements de poupée, peinture, petites voitures, chaussettes...) Avec ça, ta chambre deviendra super pratique !

Tu as plus de ▲

Ranger, ce n'est pas ta passion mais il faut bien le faire de temps en temps. Voici quelques astuces pour ne pas y passer des heures !

DROIT AU BUT !

- Si tu n'aimes pas ranger, l'astuce est de le faire au fur et à mesure. Chaque jour, une mission : linge sale, hop, dans le panier ! Cahiers, hop, empilés !...
- Pour garder un bureau net, pose dessus un super poster que tu as plaisir à regarder.

- Range ce que tu utilises le plus souvent à des endroits facilement accessibles (tiroirs sous ton lit, casiers à ta hauteur)... Et ailleurs ce dont tu te sers le moins. Quand tu changes de passion, change tes rangements !

Tu as plus de ■

Le rangement, quelle barbe ! Voici quelques conseils pour éviter de te faire gronder par tes parents… et que la saleté s'installe chez toi !

LE MINIMUM !

- Besoin d'une motivation ? Pense à une super activité que tu pourras faire une fois le rangement terminé : regarder un dessin animé, lire une BD, jouer au foot…
- Quand tu te sens dépassé(e) par le désordre, demande à un de tes parents de t'aider au début : c'est parfois juste difficile de s'y mettre.
- Ranger, c'est tellement ennuyeux ! Sauf si tu transformes ce moment en un jeu ! Sors ton bac à jouets et imagine que c'est un panier de basket : un jouet lancé dedans, un point de gagné ! Fais juste attention aux objets fragiles !

ATTENTION, J'ARRIIIVE !

Entoure les phrases que tes parents te disent le plus souvent quand ils rentrent dans ta chambre.

- Il y a eu une guerre ici ?
- Mmm… Comme ça sent bon !
- Depuis combien de temps tu n'as pas changé de chaussettes ?
- Tu as 5 minutes pour tout ranger !
- Comment fais-tu pour t'y retrouver ?
- Et comment je passe l'aspirateur, moi ?
- Dis donc, c'est drôlement bien rangé !
- De quelle couleur est la moquette ici, déjà ?
- Il est temps de faire le tri dans tes jouets !
- Je préfère ne pas regarder…
- Aïe ! Qui a laissé traîner ce Légo® par terre ?
- Au secours !!!
- Autre(s) :

…………………………………………

…………………………………………

…………………………………………

SOS CHAMBRE EN BATAILLE !

En complétant cette petite liste, cela te donnera des idées pour mieux organiser ta chambre...

Ce qui est pratique dans ma chambre :

....

....

....

....

Ce qui n'est pas pratique dans ma chambre :

....

....

....

....

Pour une meilleure organisation, je propose donc :

....

....

Espace réservé à tes parents :

Je soussigné(e) .... père ou mère de ....
déclare avoir bien vu l'état des lieux dressé par mon enfant
et les problèmes qu'il (elle) rencontre pour organiser sa chambre.
Je m'engage donc à bien vouloir revoir
avec lui (elle) l'organisation de cet espace
(dans la limite de mes possibilités matérielles).
En échange, je lui demande de s'engager à bien vouloir ranger
plus régulièrement son espace.
Ainsi nous éviterons tous ces cris désagréables !

Le .... Signature des parents Signature de l'enfant (toi)

À toi de JOUER!

TA CHAMBRE IDÉALE

Dessine sur cette page la chambre que tu rêverais d'avoir.

Sais-tu... apprendre une Leçon ?

Voilà, ça devait arriver ! Tu as une leçon à apprendre. Voyons un peu si tu sais t'y prendre...

1. C'est l'heure d'apprendre ta leçon quand...

- ■ Tu as pris un bon goûter et que tu es prêt(e) à te concentrer.
- ▲ On t'a déjà dit trois fois que c'était le moment de t'y mettre !
- ● Mince... c'est trop tard, mais demain, juré, tu seras à l'heure !

2. Pour apprendre ta leçon, il te faut...

- ● 27 secondes en tout. Mais tu ne te souviens de rien !
- ■ Le temps qu'il faut pour être sûr(e) d'avoir tout compris.
- ▲ Toujours le même temps, même si tu n'as pas terminé.

3. Comment fais-tu pour apprendre ta leçon ?

- ● Musique à fond dans les oreilles et télé allumée.
- ▲ Allongé(e) par terre dans la cuisine.
- ■ Au calme, à ton bureau avec le bon matériel.

4. Pour toi, apprendre ta leçon, c'est un peu comme...

● Manger un kilo d'orties assis(e) sur des clous !

■ Déguster ton dessert préféré.

▲ Manger des épinards pas trop délicieux mais qui donnent des forces.

5. Pendant combien de temps te souviens-tu de ta leçon ?

■ Quand tu la sais, c'est pour la vie !

▲ Tu t'en souviens juste pour la réciter une fois en classe.

● Tu ne t'en souviens pas, tu ne la sais pas...

6. Pour toi, le mot leçon, ça rime avec :

■ Bonbon, chanson, cotillon.

● Pression, poison, agitation.

▲ Crayon, conjugaison, concentration.

7. Apprendre une poésie...

● Ça te stresse d'avance. Tous ces mots à retenir !

▲ Tu le fais en plusieurs fois. Petit à petit.

■ Facile, tu l'as déjà lue en classe !

8. Tu n'as pas compris une leçon de maths...

● Tu demandes à ton chat, il saura peut-être !

▲ Tu en parles à tes parents et tu demanderas demain à ta maîtresse.

■ Tu t'énerves ! Tu détestes ne pas comprendre.

Ça y est ! Tu as fini ce test ? C'est le moment de compter tes points !

Reporte tes résultats dans ce tableau et compte le nombre total de chaque signe.

	1	2	3	4	5	6	7	8	Total
●									
▲									
■									

Prêt(e) pour les résultats ?
Tourne vite la page !

Les résultats de ton test…
et les conseils pour être super débrouillard(e) !

Tu as plus de ●

Tu as du mal à te mettre à tes devoirs, à te concentrer et à retenir ce que tu apprends. Voici quelques conseils pour apprendre dans de bonnes conditions.

AIE CONFIANCE !

- Organise-toi pour ne rien oublier. Tu as une poésie à apprendre ? Hop ! Cahier de poésie dans ton cartable ! Note aussi le numéro de téléphone de tes amis pour les appeler en cas d'oubli ou si tu ne comprends pas quelque chose.
- Pour apprendre, as-tu besoin d'écrire plusieurs fois les choses ? De répéter à haute voix ? De te faire des images dans la tête ? Chacun sa méthode. Essaye de trouver la tienne ! Quand ça marche, garde-là !
- Parfois, les devoirs peuvent être source de disputes avec tes parents. Si c'est le cas, discutes-en avec eux pour voir si tu ne peux pas travailler avec quelqu'un d'autre.

Tu as plus de ▲

Tes devoirs, tu les fais mais tu préfèrerais jouer, lire, bricoler ou regarder la télé ! Voici des conseils pour que ça ne dure pas trop longtemps.

LE BON RYTHME

- En rentrant, fais une pause d'environ 30 à 45 minutes. Une vraie pause sans penser à l'école. Puis, installe-toi pour travailler, si possible dans un endroit au calme.
- Tu as besoin d'être en mouvement pour te concentrer ? C'est le cas de beaucoup d'enfants ! Si ça agace tes parents, explique-leur que cela aide ton cerveau à apprendre.
- Si tu as du mal à te concentrer longtemps, découpe ce que tu as à faire en plein de mini-tâches et fais une petite pause calme entre chaque (dessin, puzzle…) Surtout, pas d'écran… Cela empêche encore plus de se concentrer.

Tu as plus de ■

Tu n'as pas de mal à apprendre tes leçons : c'est une vraie chance ! Voici quelques conseils pour profiter pleinement de cette situation.

TOUT DOUX...

- On ne peut pas toujours être bon en tout ! S'il y a un domaine dans lequel tu comprends moins vite, ne t'énerve pas ! Et souviens-toi que c'est en se trompant qu'on apprend !
- Si tu en profitais pour aider ceux qui ont moins de facilités ou les plus petits de ta classe si tu es en double niveau ? Ne fais pas leurs devoirs à leur place, mais aide-les en leur parlant de tes techniques et de tes petits secrets. C'est aussi une très bonne façon pour toi de réviser !
- N'oublie pas : tu n'as pas besoin d'être un(e) élève parfait(e). Pense aussi à t'amuser, à rêver, à te détendre... C'est aussi comme ça qu'on grandit !

JE SAIS, JE SAIS PAS...

À l'école, dans tes loisirs ou tes jeux, il y a forcément des choses que tu retiens bien. Sais-tu lesquelles ? Écris-les ici.

....

....

....

....

....

....

....

....

Il y a peut-être des domaines dans lesquels tu as plus de mal à retenir les choses. Lesquels ? Sais-tu pourquoi ?

....

....

....

....

....

....

....

....

UN CERVEAU UNIQUE

Voici un joli cerveau.
Comme ça, il ressemble à n'importe quel cerveau.
Une fois colorié, ce sera uniquement le tien,
avec toutes ses formes d'intelligences !

Colorie ce cerve
en fonction de c
que tu aimes fair
ou que tu fais
facilement...
Toutes les couleurs
ne sont pas obligées
d'y être !

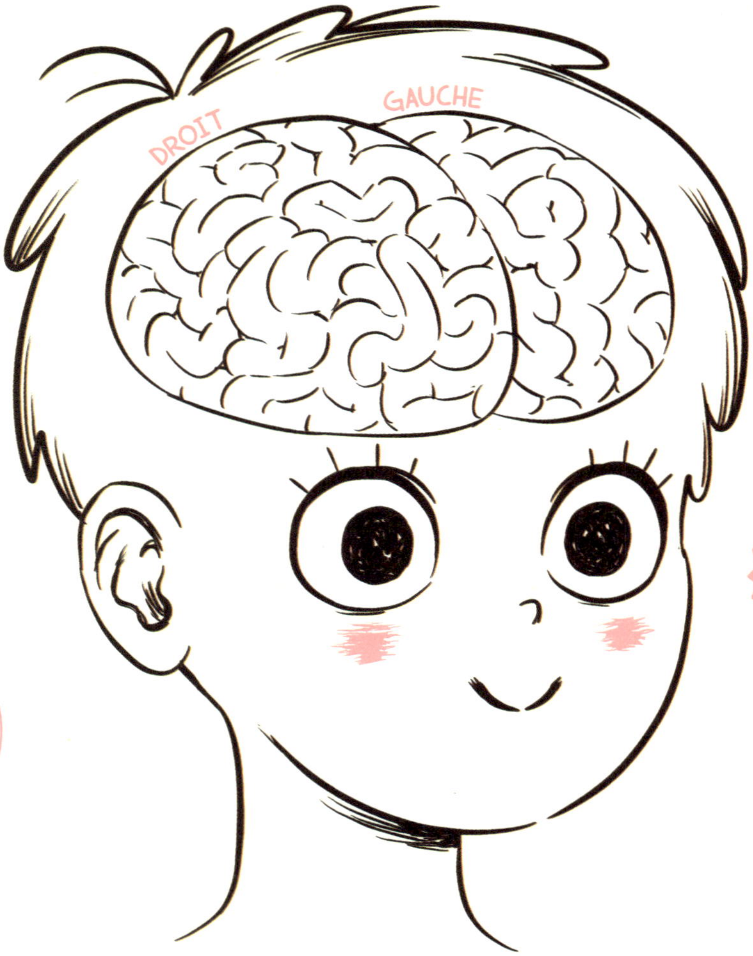

À toi de JOUER !

Tiens compte du côté gauche et droit pour les couleurs !

Cerveau gauche

- (orange) Tu aimes les casse-tête, les puzzles, calculer, résoudre les problèmes.
- (bleu) Tu aimes apprendre à écrire les mots, jouer avec eux, écrire des histoires ou de la poésie.
- (rouge) Tu as besoin de bouger ! Tu aimes toucher, fabriquer toi-même pour apprendre...
- (vert) Tu aimes la nature, les animaux... Tu es sensible à tout ce qui t'entoure.

Cerveau droit

- (jaune) Tu aimes découvrir et apprendre plein de choses. Tu te poses souvent des questions sur toi et sur le monde.
- (rouge) Tu retrouves facilement ton chemin, tu dessines bien un bâtiment ou un paysage. Tu te fais facilement des images dans ta tête.
- (noir) Tu aimes travailler en groupe. Tu es très sensible à ce que ressentent les autres.
- (violet) Tu retiens très bien les chansons, les rythmes. Tu chantes naturellement juste.

LES P'TITS MOTS QUI FONT DU BIEN !

Chez toi, c'est la guerre au moment des devoirs ?
Ça crie, ça pleure et ça s'énerve ?
Voici des petites phrases toutes simples à montrer à tes parents
pour que tout le monde reprenne confiance !

Entoure les phrases et les encouragements qui te feraient vraiment plaisir à entendre.

Arrête de bouger !

Je t'écoute.

TU M'ÉNERVES !

C'est bien ce que tu as fait.

Tu as tout faux !

ÇA VA RENTRER CETTE LEÇON ?!

Tu as le droit d'être fatigué(e).

On ne va jamais y arriver.

Mais tu le fais exprès ou quoi ?

JE COMPRENDS QUE TA MAÎTRESSE DEVIENNE FOLLE...

Gribouille celles que tu ne veux vraiment plus entendre !

Je t'aime

ON FAIT UNE PAUSE.

Ce n'est pas agréable de te tromper, mais c'est en se trompant qu'on apprend.

CONCENTRE-TOI !

PLUS TU T'EXERCERAS, MIEUX TU Y ARRIVERAS.

QU'EN PENSES-TU ?

Sais-tu... te tenir à table ?

À table, as-tu plutôt tendance à montrer tout ce que tu mâches à tes voisins... ou à manier les couverts avec talents ? Fais ce test pour devenir le convive idéal !

1. « À taaaaaaaaable ! ». Quand tu entends cette phrase...

- ● Tu arrives en courant en proposant de l'aide.
- ■ Tu termines ta page de BD et tu arrives tranquillement.
- ▲ Tu attends qu'on t'appelle dix fois et tu viens glisser tes pieds sous la table !

2. À table, la conversation t'ennuie...

- ▲ Tu te mets à chanter à tue-tête !
- ■ Tu n'écoutes pas vraiment et tu te perds dans tes pensées.
- ● Tu fais des efforts pour écouter et t'intéresser un minimum.

3. Dans ta fourchette, tu mets...

- ● Peu de choses pour pouvoir tout mettre facilement dans la bouche.
- ■ Une grosse bouchée et tu essayes de ne pas t'étouffer avec.
- ▲ Une énooooorme bouchée pour terminer ton assiette en 7 secondes !

4. Tu mâches...

- ● La bouche bien fermée pour ne déranger personne.
- ▲ La bouche grande ouverte. Tant pis si tu fais autant de bruit qu'une machine à laver le linge !
- ■ La bouche parfois ouverte, parfois fermée... Ça dépend de ce qu'il y a dedans.

5. Pour couper…

■ Tu écartes un peu les bras, quitte à te cogner avec ton voisin.

● Tu serres les coudes contre toi pour ne pas déranger ton voisin.

▲ Tu fais l'avion, les bras bien écartés : le principal, c'est d'avoir de la force !

7. Quand on te sert…

▲ Pas besoin de dire merci : c'est quand même normal qu'on te fasse à manger !

■ Tu dis merci à la fin du repas, c'est déjà bien.

● Tu remercies à chaque fois.

6. Au cours du repas…

● Tu te tiens bien assis(e), droit(e) sur ta chaise et les deux mains sur la table.

■ La chaise en équilibre sur deux pieds et les coudes sur la table, c'est plus agréable.

▲ Les pieds sur la table, l'assiette sur les genoux, c'est comme ça que tu te sens le mieux !

8. À la fin du repas…

● Tu aides à débarrasser jusqu'à ce que tout soit terminé.

▲ Pour toi, c'est justement le moment d'aller aux toilettes !

■ Tu mets ta fourchette et ton couteau dans le lave-vaisselle et tu vas retrouver ta BD.

Ça y est ! Tu as fini ce test ? C'est le moment de compter tes points !

Reporte tes résultats dans ce tableau et compte le nombre total de chaque signe.

	1	2	3	4	5	6	7	8	Total
●									
▲									
■									

Prêt(e) pour les résultats ? Tourne vite la page !

Les résultats de ton test...
et les conseils pour être super débrouillard(e) !

Tu as plus de ●

C'est un vrai plaisir de passer un moment à table en ta compagnie ! Voici quelques conseils qui peuvent quand même te servir...

À TABLE !

- Pas facile de couper de la viande sans cogner ton voisin ! Si tu veux vraiment t'entraîner en t'amusant, glisse un crayon sous chaque bras. S'il tombe, tu as perdu !
- Même si tu as plein de choses très intéressantes et drôles à raconter, laisse les autres parler aussi. C'est intéressant et puis, ça te laisse le temps de mâcher !
- Si ton (ou ta) meilleur(e) ami(e) se tient très mal à table, ne lui fais pas la remarque devant tout le monde. Dis-lui plutôt gentiment et avec humour quand vous êtes tous les deux.

Tu as plus de ▲

Et si tu participais un tout petit peu plus au bon déroulé du repas ? Voici quelques astuces qui t'y aideront...

À L'AIDE !

- Propose ton aide au début et à la fin du repas. C'est une façon de participer à la vie collective et de remercier ceux qui ont préparé à manger.
- Tu viens de te servir un verre d'eau et tu as fini la carafe ? Ne la laisse pas vide : lève-toi pour aller la remplir !
- Avant de te resservir d'un plat, demande à tout le monde si quelqu'un en veut ! Ne te sers pas la dernière part d'un plat sans l'avoir d'abord proposée aux autres.

Tu as plus de ■

Tu confonds se tenir à table et manger comme à la préhistoire! Et si tu essayais de ne pas dégoûter ceux avec qui tu partages ta tablée?!

UN PETIT EFFORT!

- Arriver à table avec les mains ou les ongles sales, c'est vraiment dégoûtant pour toi et pour les autres: pense à te les laver avant!
- Le repas n'est pas une course! Avaler son repas à 100 à l'heure, ça n'est pas poli et en plus, ça n'est pas bon du tout pour la digestion. Cool, prends ton temps!
- Le temps du repas est un moment calme à passer avec ceux qui t'entourent. On ne rote pas, on ne parle pas la bouche pleine, on ne se lève pas sans arrêt, on se tient droit... Mais si, tu peux y arriver!

CRACRADO!

Depuis que tu es bébé, tu en as appris des choses pour bien te tenir à table. Fais ici la liste de tout ce que tu as appris...

✓ ....

✓ ....

✓ ....

✓ ....

✓ ....

✓ ....

...et écris ici ce pour quoi tu te fais encore souvent reprendre ou gronder!

✓ ....

✓ ....

✓ ....

✓ ....

✓ ....

✓ ....

LE REPAS INFERNAL !

À toi de JOUER !

Autour de cette table, que de gens malpolis !
Barre sauvagement ce que tu jures de ne jamais faire
au cours d'un repas.

Regarder son portable à table.

Rire la bouche pleine.

Parler fort !

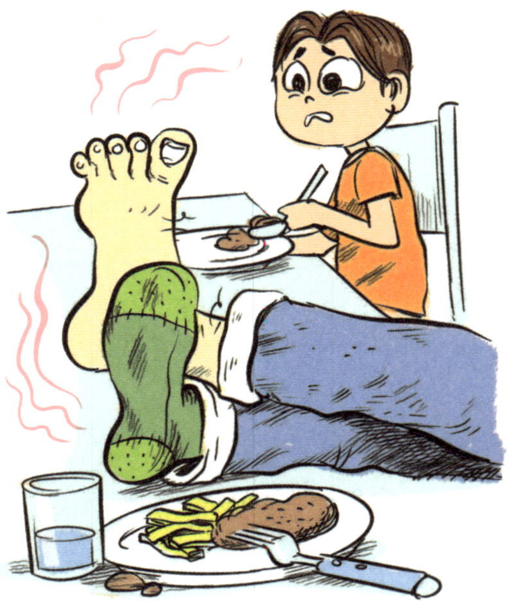

Mettre les pieds sur la table.

Péter !

Quitter la table au milieu du repas.

Roter.

Donner des coups de coude.

LE BÂTON DE PAROLE

À quoi ça sert ?
Ce bâton est utile pour que la parole circule et que chacun s'exprime autour de la table. Voici comment faire...

Chez toi, tout le monde parle en même temps et c'est la guerre pour pouvoir en placer une ?

Utilisez un « bâton de parole » ! Carotte, bout de bois, cuillère... Seul celui qui l'a en main peut parler !

Bien sûr, le bâton doit tourner de manière équitable. Bonnes discussions !

Es-tu prêt(e)… pour la piscine ?

**C'est bon, tu n'as rien oublié pour la piscine ?
Tu sais aller jusqu'au petit bassin sans glisser ?
Fais ce petit test avant de te jeter à l'eau !**

1. Demain matin, tu as piscine…

▲ Tu préviens tes parents au dernier moment, deux minutes avant de partir !

● Tu prépares ton sac la veille au soir.

■ Rien que d'y penser, tu as déjà mal au ventre.

2. Tu mets dans ton sac de piscine…

■ Des brassards, une bouée et un tuba.

▲ Une paire de baskets, un ballon et un jeu des sept familles.

● Un maillot, un masque, un bonnet, une serviette et un goûter.

3. Arrivé(e) à la piscine…

● Tu te mets en maillot de bain sans mouiller tes chaussettes.

▲ Tu serres fort le maillot de bain trop grand que ta maîtresse t'a prêté !

■ Tu restes dans la cabine le plus longtemps possible.

4. Une fois en maillot et en bonnet…

■ Tu attends que la maîtresse te demande de sortir de la cabine.

● Tu files à la douche, puis tu passes par le pédiluve (le bac pour les pieds).

▲ Tu évites la douche, elle est trop froide !

5. Une fois devant le bain…

● Tu descends par l'échelle.

■ Tu t'assieds sur un banc. Avec un peu de chance, on va finir par t'oublier !

▲ Tu sautes en faisant la bombe !

6. Tu ne sais pas nager…

● Pas de soucis, tu le dis au maître-nageur. C'est son métier !

▲ Tu vas dans le groupe des bons pour être avec ton copain.

■ Tu n'oses pas le dire car tu penses que tu es le (la) seul(e) à ne pas savoir nager.

7. Tu dois mettre la tête sous l'eau…

● Il faut bien une première fois !

■ Y'a pas écrit poisson sur ta tête !

▲ Tu vas même essayer d'ouvrir les yeux !

8. En sortant de la piscine, il fait froid…

● Vite, ton bonnet. Pas question d'attraper froid !

▲ Mince ! Tu l'as oublié cette semaine.

■ Une bonne occasion de tomber malade et d'échapper à la prochaine séance !

Ça y est ! Tu as fini ce test ? C'est le moment de compter tes points !

Reporte tes résultats dans ce tableau et compte le nombre total de chaque signe.

	1	2	3	4	5	6	7	8	Total
●									
▲									
■									

Prêt(e) pour les résultats ?
Tourne vite la page !

Les résultats de ton test...
et les conseils pour être super débrouillard(e) !

Tu as plus de ●

Tu aimes la piscine et tu sais t'organiser. C'est chouette ! Voici quand même quelques petits conseils pour une sortie piscine parfaite !

SUPER À L'AISE !

- Place toujours un sac plastique dans ton sac piscine pour y mettre tes affaires mouillées.
- Les peurs, ça ne s'explique pas : chacun a les siennes ! Si un copain a peur de l'eau, ne te moque pas, ne le pousse pas dans l'eau. Pas question non plus de chahuter en lui mettant la tête sous l'eau ! Encourage-le plutôt avec un mot gentil.
- Si tu aimes vraiment nager, demande à tes parents de t'emmener plus souvent à la piscine ou de t'inscrire dans un club de natation où tu pourras apprendre différentes nages et faire de la compétition.

Tu as plus de ▲

Tu adores la piscine... surtout pour jouer avec les copains ! N'oublie pas que les règles y sont très importantes pour éviter les accidents.

SUPER RÉGLO !

- Ne cours pas autour des bassins avec tes copains. À la piscine, on glisse facilement et on peut se faire très mal.
- Tout le monde doit être propre avant d'entrer dans le bassin : se doucher est donc important. Et pas question de faire pipi dans l'eau en plus, hein !
- L'eau reste un élément dans lequel on doit faire très attention : en piscine comme en mer. N'y va donc jamais seul(e) : à ton âge, tu dois toujours être surveillé(e).

Tu as plus de ■

Tu détestes la piscine parce que tu as peur, froid ou que tu n'aimes pas être mouillé(e). Voici quelques astuces pour t'encourager !

SUPER COURAGEUX(SE) !

- Emporte des claquettes pour tes pieds et porte des habits douillets après la baignade. Tu as aussi mérité une petite gourmandise pour te récompenser de ton courage. Vite, un goûter !
- Tu ne sais pas nager ou tu as peur de l'eau ? Ce n'est pas une honte : tu es justement là pour apprendre ! Parles-en aux adultes qui t'aideront à vaincre tes peurs.
- Pour apprivoiser l'eau, profite de moments où tu es au calme dans le bassin pour te lancer des petits défis : mettre le menton, le nez puis la tête sous l'eau… Chez toi, fais des galipettes ou de la balançoire : cela aide ton cerveau à mieux gérer la sensation de déséquilibre et avoir moins peur de l'eau !

AU SECOURS !

Tu as peur d'aller à la piscine ?
Sais-tu au moins pourquoi ?
Entoure dans cette liste ce qui te fait peur.
Si tu n'as peur de rien… file derrière !

- Avoir la tête sous l'eau.
- Se déshabiller dans les vestiaires devant tous tes copains/copines.
- Être poussé(e) par un copain qui veut s'amuser.
- Perdre ton souffle.
- Croiser d'horribles bêtes !
- Attraper des verrues.
- Ne pas avoir pied.
- L'odeur du chlore.
- Couler !
- Oublier son maillot de bain !
- Être aspiré(e) au fond de l'eau.
- Se faire disputer par le maître nageur.
- Avoir les cheveux mouillés !

RASSURE TON AMI(E)!

Tu adores la piscine. Ton ami(e) déteste l'eau.
Comment peux-tu l'aider à dépasser sa peur?
Coche la ou les solutions qui te paraît(ssent) le plus efficace(s).

❑ 1. Tu veux lui faire comprendre que ce n'est pas grave...

❑ 2. Tu le pousses dans la piscine pour le secouer un peu...

❑ 3. Tu l'encourages...

❑ 4. Tu cherches à le (la) rassurer...

❑ 5. Tu lui proposes de te suivre...

❑ 6. Tu te moques...

Ton ami(e) qui a peur n'a pas besoin qu'on le (la) protège ou qu'on lui dise que ce n'est pas grave... Il (elle) a plutôt besoin qu'on lui donne confiance en lui (elle). Grâce aux réactions 3 et 5, il (elle) va peut-être pouvoir se jeter à l'eau, mais doucement, hein !

PASSE TON CODE PISCINE !

La piscine, c'est génial quand tout le monde respecte les règles.
Regarde bien cette image et barre ce qu'il ne faut surtout pas faire !

À toi de JOUER !

LE P'TIT COIN DES PARENTS ☺

Eh oui ! Parfois, les parents aussi ont besoin de petits conseils !

Êtes-vous prêts à… Laisser votre enfant grandir ?

Hier encore, il n'était qu'un bébé. Et voilà qu'aujourd'hui, il veut tout faire comme un grand. Mais en est-il vraiment capable ? Entre protection et confiance, ce petit test est pour vous !

1. Pour vous, un enfant qui grandit, c'est…

- ● La vie.
- ▲ Bien obligé.
- ■ La fin du paradis.

2. Votre enfant veut remplir une carafe qui pèse lourd. Vous lui dites :

- ■ Attends, je vais le faire !
- ● Rien. Il faut bien qu'il essaye.
- ▲ Remplis-la à moitié, elle est lourde !

3. Demain, il a piscine avec l'école.

- ■ Pas de soucis, vous avez tout préparé.
- ● Il sort du sac les affaires mouillées de la semaine dernière !
- ▲ « C'est bon pour la piscine demain ? Tu as tout ? »

4. Au moment des devoirs, vous vous êtes déjà entendu(e) dire…

- ▲ Commence ! Tu m'appelles si tu as un problème !
- ● Demande plutôt à ton père (ou à ta mère) !
- ■ Donne, je vais le faire, ça ira plus vite !

5. Il a envie de cuisiner…

- ● Vous le laissez faire : il faut bien qu'il mette la main à la pâte !
- ■ Pitié ! Ça va encore être le bazar !
- ▲ Chouette ! C'est l'occasion de faire quelque chose ensemble.

6. Il veut aller à l'école tout seul…

- ■ Et s'il rencontre un pédophile ? À moins qu'il ne se fasse écraser avant ?!
- ● Yes ! Un trajet de moins à faire !
- ▲ Pourquoi pas. Il faut étudier le trajet avec lui.

7. Les vacances arrivent ! C'est le moment de faire les valises…

- ● Chacun ses valises : après tout, c'est lui qui portera ses vêtements !
- ▲ Esprit d'équipe. Il choisit son T-shirt préféré, vous vous occupez de la crème solaire.
- ■ Tout le monde dehors ! C'est vous qui gérez !

8. La salle de bain, c'est fait…

- ▲ Pour être partagé.
- ● Pour se laver.
- ■ Pour briller.

Ça y est ! Vous avez fini ce test (et sans tricher !) ? C'est le moment de compter vos points.

Reportez vos résultats dans ce tableau et comptez le nombre total de chaque signe.

	1	2	3	4	5	6	7	8	Total
●									
▲									
■									

Prêt(e) pour les résultats ? Tournez vite la page !

Voici les résultats de votre test…

Et des conseils malins pour aider au mieux votre enfant à être autonome.

Vous avez plus de ●

Deux possibilités !

1. **Pour vous, élever un enfant, c'est l'aider à voler de ses propres ailes et les risques qu'il peut prendre font partie de son apprentissage. Voici quelques idées pour l'accompagner… sans le mettre en échec ou en danger !**

2. **Vous êtes tombé(e) là parce que vous avez un peu triché au test (allez, ça nous est tous arrivé !). Vous êtes aussi stressé(e) que les autres parents mais vous ne voulez pas vous l'avouer… Allez jeter un œil aux conseils d'à-côté !**

DÉBOUILLE-TOI !

- Votre enfant fonce tête baissée dans la nouveauté ? Cela signifie qu'il a **confiance en lui** et en ce qui l'entoure : il n'a peur de rien et dans beaucoup de situations, c'est tant mieux ! Cela lui permet de partir à la découverte de choses nouvelles et de gagner facilement en autonomie.

Soyez juste attentifs aux **dangers réels** auxquels il se confronte car selon les âges, les enfants n'ont pas encore accès à toutes les informations qui leur permettent de mesurer le danger. Dans la rue par exemple, ils ont besoin d'être très concentrés pour être en sécurité. S'il se veut courageux, vous pouvez lui expliquer que le courage, ce n'est pas de « n'avoir peur de rien » !
Être courageux, c'est savoir écouter les signaux, les informations, mesurer le danger et réagir en conséquence… Pour aller tout seul à l'école ou découper une planche avec une scie, vérifiez qu'il a bien **les compétences nécessaires** pour se lancer ! Vous êtes le garant de **sa sécurité** et de **sa santé** !

- Vous le voudriez plus autonome mais votre enfant a **peur de tout** et **résiste à faire des choses tout seul**? Il refuse d'aller en colonie, a un mal fou à s'habiller tout seul le matin, vous réclame souvent pour que vous l'aidiez?... Vous le trouvez « trouillard », peureux, un peu « bébé » ? Or pour vous, l'audace et l'autonomie sont si importantes ! **N'exposez pas votre enfant de force** : vous le mettriez en difficulté et provoqueriez l'effet inverse de ce que vous recherchez ! N'oubliez pas que la peur est utile à votre enfant : c'est ce qui lui assure sa sécurité. Ne niez donc pas ses difficultés (« mais non, ce n'est rien... », « enfin, quand même, à ton âge... ! ») mais **prenez le temps d'écouter** et de comprendre ses peurs, ses besoins... puis **de l'encourager**.

- Votre enfant est bien au chaud, **tranquille devant son ordinateur**? Impeccable, vous vous dites qu'il ne peut rien lui arriver. Et puis, c'est de sa génération ! Internet est un formidable espace de découvertes où il peut s'amuser, apprendre et faire des expériences intéressantes. Mais il doit absolument **y être accompagné pour ne pas y vivre de mauvaises expériences**. Pour cela, faites-lui utiliser l'écran dans une pièce commune pour garder un œil sur ses pratiques. Placez un contrôle parental pour le protéger. Informez-vous ensemble sur des sites de prévention comme : www.internetsanscrainte.fr

ET VOUS, ALORS ?

Vous êtes-vous reconnu(e) dans ce profil?

- ☐ *Oui, franchement.*
- ☐ *Non, ça doit être une erreur.*
- ☐ *Sur certains points seulement comme :*

....

Si vous aviez deux idées à retenir de cette page, ce serait...

....

....

Voici les résultats de votre test…

Et des conseils malins pour aider au mieux votre enfant à être autonome.

Vous avez plus de ▲

Un pied dans la confiance, un pied dans le contrôle : c'est tout vous ! D'un côté, vous savez que votre rôle est d'aider votre enfant à gagner en autonomie. Et de l'autre… les obstacles sont nombreux, qui vous empêchent parfois de lâcher prise : un brin de stress, une lichette de difficulté à lui faire confiance et un peu d'envie de faire vite (et bien) ! Preneur de quelques astuces ?

CHAQUE CHOSE EN SON TEMPS !

- On le sait, on n'apprend pas à la place des autres ! Seule l'**expérience vécue** permet d'acquérir des compétences et de gagner en autonomie.
Mais pourquoi est-ce donc si long ? Pourquoi devoir répéter 100 fois qu'après la douche, on rince le bac ? Que le linge sale, ça se met dans le panier ? Ou que… bref, vous voyez ! Peut-être parce que même avec la meilleure volonté du monde, on ne s'y prend pas si bien que ça !

Alors une chose à savoir : le cerveau de l'enfant se bloque quand on l'envahit d'ordres… et plus encore quand on le noie dans des explications sans fin « pour qu'il comprenne ». **L'objectif est qu'il apprenne**.

Et pour cela, rien de mieux que de **muscler son cerveau frontal**. Comment ? En attirant juste d'un mot son attention vers l'objet (« linge », « lumière », « jouets »…) et en le laissant connecter pour la suite. Il sera moins passif et finira par être plus volontaire.

Autre piste efficace : **le message écrit**. **Encouragez** aussi votre enfant à expérimenter ses propres solutions. Discutez avec lui de ses succès et échecs, de ses essais : **sans jugement mais avec curiosité**. Et n'hésitez pas à lui dire souvent que vous lui **faites confiance** pour apprendre de ses erreurs.

- **Prenez le temps des apprentissages et ne grillez pas les étapes !** Griller les étapes, c'est risquer de mettre votre enfant en échec. et de lui faire perdre confiance en lui. **Donc rien ne sert de courir…**

  Voici les **4 étapes incontournables** pour un apprentissage durable. Vous verrez, ça aide dans tous les domaines !
  Étape 1 : **L'observation** (votre enfant vous regarde faire).
  Étapes 2 et 3 : **L'entraînement** (il fait **avec vous**, puis **seul** sous votre regard bienveillant).
  Étape 4. **Il fait tout seul**.

  Parfois, un échec s'explique juste par le fait qu'on a voulu aller trop vite… et qu'on a sauté une étape ! Et puis n'oubliez pas qu'**un acquis ne met pas à l'abri de phases de régression !** Même au contraire ! Parfois un enfant ne sera « pas capable » de faire telle ou telle tâche parce qu'il sera en train de concentrer toute son énergie sur l'apprentissage de nouvelles compétences.

- **Appuyez-vous sur d'autres lieux et d'autres personnes pour aider votre enfant à grandir** et à acquérir des compétences que vous ne soupçonniez même pas chez lui ! Rien de tel qu'une colonie de vacances pour les voir revenir changés et grandis ! Activités, grands-parents, amis, centre de loisirs, stages, colonies, scoutisme… **Loin de nous, nos enfants en font des progrès !** Notre regard sur eux change aussi et nous permet à notre tour de passer des caps.

  Évitez enfin toute prédiction. Ce n'est pas parce que votre enfant ne range pas sa chambre aujourd'hui qu'il en sera ainsi lors de son adolescence ou à l'âge adulte. C'est parfois juste une question de déclic ou de motivation personnelle.

ET VOUS, ALORS ? Vous êtes-vous reconnu(e) dans ce profil?

- [ ] Oui, c'est vraiment moi !
- [ ] Non, pas du tout. D'ailleurs, je vais refaire le test.
- [ ] Sur certains points seulement comme :

……………………………………………………………………

Si vous aviez deux idées à retenir de cette page, ce serait…

……………………………………………………………………

……………………………………………………………………

Voici les résultats de votre test…

Et des conseils malins pour aider au mieux votre enfant à être autonome

Vous avez plus de ■

Vous le saviez déjà : vous appartenez à la catégorie des parents plutôt stressés. Par anxiété ou par souci d'efficacité, vous avez du mal à lâcher prise. Il faut dire qu'il est drôlement dur de voir grandir son enfant, non ? Pour vous, la vie est remplie de dangers… sans compter que quand votre enfant fait tout seul, c'est tellement de boulot derrière que vous préférez faire à sa place. Pas de panique ! Vous avez juste besoin de gagner un peu en confiance en vous… et en lui !

ON SE DÉTEND !

- **Ne culpabilisez pas d'être angoissé ou stressé** mais donnez-vous les moyens de progresser… et d'accompagner votre enfant vers davantage d'autonomie. Vous voulez le meilleur pour lui. Or, le surprotéger ou faire à sa place le confirme dans son impuissance et peut être compliqué à gérer par la suite. Alors n'inversez pas les rôles ! Les « et si… » insécurisants (« et si je me coupe », « et si je me brûle », « et si je tombe »…), c'est à l'enfant de les exprimer. Votre rôle à vous, **c'est d'explorer avec lui les possibles et de trouver ensemble des solutions**. Quelque soit son tempérament, votre enfant a besoin de conquérir un « pouvoir personnel » : une confiance en lui suffisante pour se lancer dans la nouveauté et inventer sa façon de « faire tout seul ». Un exemple classique ? Il a 8 ans et refuse de s'habiller tout seul le matin. Pourtant, pour l'aider, vous lui avez préparé ses affaires la veille ! Cela part d'un bon sentiment mais en lui préparant ses affaires, le message envoyé est : « Je le fais car tu n'en es pas capable »… et l'enfant renonce à être autonome dans ce domaine. Alors lâchez sur le style et laissez-le préparer ses affaires préférées ! **L'autonomie ne se décide pas ; elle s'obtient**. C'est un processus qui nécessite de faire et de refaire.

- Une émotion n'est ni bien ni mal, elle EST. **Assumez donc vos propres émotions !** Vous avez le droit d'avoir peur, d'éprouver du stress. Sans déverser sur votre enfant un flux d'angoisses, **autorisez-vous à exprimer les raisons pour lesquelles vous ne lui laissez pas faire telle ou telle chose :** « C'est plus fort que moi, mais j'ai peur qu'il t'arrive ceci... ». Vous lui montrez ainsi que même les adultes ont encore des choses à apprendre et qu'ils doivent faire face à leurs peurs. Au moins, l'enfant saura que ce n'est pas parce que vous ne lui faites pas confiance !

- **Faites-lui et faites-vous confiance !** Personne n'est condamné à être un parent angoissé, stressé... ou un enfant « tête en l'air » ! Tout est une question d'entraînement et la plasticité de notre cerveau nous permet d'apprendre à tout âge ! **Alors changez votre regard sur ses erreurs :** ceux qui acceptent de se tromper réussissent mieux que les autres. C'est seulement quand l'erreur est acceptée des deux côtés (enfant ET adulte) que tout devient possible ! Il n'a pas réussi quelque chose. C'est vrai, il n'a pas ENCORE réussi. Un petit mot qui change tout !

ET VOUS, ALORS ? Vous êtes-vous reconnu(e) dans ce profil ?

- ☐ Oui, oui, oui...
- ☐ Non, c'est n'importe quoi !
- ☐ Sur certains points seulement comme :

....

Si vous aviez deux idées à retenir de cette page, ce serait...

....

....

Le coin des parents

LE KID'BILAN

C'est le moment de faire le point avec votre enfant sur son degré d'autonomie. Parmi ces actions, entourez ce qu'il sait déjà faire ou pas encore...

- Bricoler
- S'occuper de son animal domestique
- ALLER DORMIR AILLEURS
- Traverser une route
- PRÉPARER SON CARTABLE
- Nager
- ALLER À L'ÉCOLE TOUT(E) SEUL(E)
- Utiliser le micro-ondes
- LIRE
- Prendre sa douche
- Faire ses devoirs tout(e) seul(e)
- FAIRE DU VÉLO AVEC VOUS
- PRÉPARER SON SAC DE SPORT
- Commencer ses devoirs tout(e) seul(e).
- COUPER AVEC UN COUTEAU
- PASSER L'ASPIRATEUR
- DÉBARRASSER LA TABLE
- Mettre la table
- TÉLÉPHONER
- Écrire
- Changer ses draps
- Préparer son petit-déjeuner
- S'habiller le matin
- FAIRE UNE PETITE COURSE
- PARTIR SEUL(E) À VÉLO, EN SKATE OU PATINS
- Ranger sa chambre quand on lui demande
- Faire un gâteau
- INVITER DES AMIS À LA MAISON
- Jardiner
- RANGER SA CHAMBRE SANS QU'ON LUI DEMANDE
- Skier
- Faire de la musique
- S'occuper de son petit frère, ou de sa petite soeur.
- PARTIR PLUSIEURS JOURS SANS VOUS

Vous avez plusieurs enfants ? Photocopiez cette page et remplissez-la pour chaque enfant. Vous pouvez aussi le faire chaque année pour voir ce qui a changé...

C'est quand même fou tout ce qu'il (elle) sait déjà faire, non ?

MIROIR, MIROIR...

Pas toujours facile de se souvenir de sa propre enfance !
Et pourtant, elle est tellement présente dans la façon dont nous éduquons nos propres enfants. Et si nous essayions de nous souvenir un peu ?

Je me souviens avoir été heureux(se) ou fier(e) la première fois que j'ai...

....

....

....

Je me souviens avoir eu très peur la fois où...

....

....

....

Je me souviens avoir ressenti de l'angoisse quand...

....

....

....

Je me souviens que ça m'énervait quand on m'empêchait de...

....

....

....

Je me souviens avoir grandi quand on m'a laissé(e)...

....

....

....

À votre avis, parmi tous ces souvenirs, y en a-t-ils qui influencent votre manière d'éduquer votre (vos) enfant(s) ?

LE CHOUETTE CONTRAT !

Emporté(e) par le quotidien, vous n'avez peut-être pas pris le temps de discuter avec votre enfant de ce qu'il aimerait apprendre à faire tout seul… et de ce que vous aimeriez qu'il fasse davantage seul. C'est l'occasion !

Je soussigné(e) ………………, ……… ans exprime en ce jour du ……………… 20……… le désir de faire plusieurs choses tout(e) seul(e). Je précise que ces propositions sont classées par ordre d'importance et donc que je serais vraiment très très heureux(se) si le projet n° 1 était choisi! Rien n'empêche de tous les choisir non plus!

Projet n°1 ……………………… Pourquoi c'est important pour moi ?

………………………………………………………………

Projet n°2 ……………………… Pourquoi c'est important pour moi ?

………………………………………………………………

Projet n°3 ……………………… Pourquoi c'est important pour moi ?

………………………………………………………………

Je soussigné(e) ………………, papa et /ou maman de ……………… exprime en ce jour du ……………… 20……… le souhait de voir ……………… faire davantage de choses tout(e) seul(e). Si le projet numéro 1 était choisi par ………………, ce serait une très belle aventure !

Projet n°1 ……………………… Pourquoi c'est important pour moi/nous ?

………………………………………………………………

Projet n°2 ……………………… Pourquoi c'est important pour moi/nous ?

………………………………………………………………

Projet n°3 ……………………… Pourquoi c'est important pour moi/nous ?

………………………………………………………………

D'un commun accord et après discussion, nous choisissons les projets suivants : ………………………………

………………………………………………………………

Nous vous proposons de faire un petit bilan tous les mois de l'avancement de ces projets. La prochaine date de bilan est prévue le ………………. Bonne chance !

LA BOÎTE À FORMULES

Comme une boîte à outils, cette petite boîte vous aidera à développer l'autonomie de votre enfant. N'hésitez pas à vous servir de toutes ces petites phrases !

Veux-tu essayer avec moi ?

C'EST INTERDIT PARCE QUE TU PEUX TE BLESSER.

NON pour ci, mais OUI pour ça.

MAINTENANT QU'ON L'A FAIT ENSEMBLE, TU PEUX ESSAYER TOUT(E) SEUL(E).

Dis donc, tu peux être fier(ière) de toi !

SAIS-TU POURQUOI TU N'Y ES PAS ARRIVÉ(E) ?

Ce contrat est affiché sur la porte !

Je t'aide pour le début puis tu continues tout(e) seul(e).

LÀ, TU AS FAIT UNE BÊTISE, NON ? COMMENT COMPTES-TU T'Y PRENDRE POUR RÉPARER ?

IL (ELLE) Y ARRIVE ET PAS TOI ? CHACUN SON RYTHME !

C'est déjà bien d'avoir essayé !

La prochaine fois que ferais-tu de différent ?

JE NE SAIS PAS TE RÉPONDRE POUR L'INSTANT, MAIS JE TE PROMETS D'Y RÉFLÉCHIR.

TU ES CAPABLE DE DE LE FAIRE TOUT(E) SEUL(E).

Merci pour ton aide

Vous savez ce que .... a fait l'autre jour ? C'était SUPER !